Johann Brech

"A digitalized Derrida" - Zum Verhältnis von Poststrukturalismus und Hypertext

Der GRIN Verlag publiziert seit 1998 wissenschaftliche Arbeiten von Studenten, Hochschullehrern und anderen Akademikern als eBook und gedrucktes Buch. Die Verlagswebsite www.grin.com ist die ideale Plattform zur Veröffentlichung von Hausarbeiten, Abschlussarbeiten, wissenschaftlichen Aufsätzen, Dissertationen und Fachbüchern.

Dokument Nr. V208689 aus dem GRIN Verlagsprogramm

Johann Brech

"A digitalized Derrida" - Zum Verhältnis von Poststrukturalismus und Hypertext

GRIN Verlag

Die Deutsche Bibliothek verzeichnet diese Publikation in der Deutschen Nationalbibliografie; detaillierte bibliografische Daten sind im Internet über http://dnb.d-nb.de/ abrufbar.

Dieses Werk sowie alle darin enthaltenen einzelnen Beiträge und Abbildungen sind urheberrechtlich geschützt. Jede Verwertung, die nicht ausdrücklich vom Urheberrechtsschutz zugelassen ist, bedarf der vorherigen Zustimmung des Verlages. Das gilt insbesondere für Vervielfältigungen, Bearbeitungen, Übersetzungen, Mikroverfilmungen, Auswertungen durch Datenbanken und für die Einspeicherung und Verarbeitung in elektronische Systeme. Alle Rechte, auch die des auszugsweisen Nachdrucks, der fotomechanischen Wiedergabe (einschließlich Mikrokopie) sowie der Auswertung durch Datenbanken oder ähnliche Einrichtungen, vorbehalten.

1. Auflage 2012
Copyright © 2012 GRIN Verlag GmbH
http://www.grin.com
Druck und Bindung: Books on Demand GmbH, Norderstedt Germany
ISBN 978-3-656-36484-9

FernUniversität in Hagen
Institut für neuere deutsche und europäische Literatur
Wintersemester 2011/12

BA Kulturwissenschaft mit Schwerpunkt Literaturwissenschaft
Modul L 2 – Medien und Kultur

„A digitalized Derrida"

Zum Verhältnis von Poststrukturalismus und Hypertext

vorgelegt von

Johann Brech

...

Inhalt

1. Einführung in die Thematik	1
2. Poststrukturalismus	2
3. Hypertext	3
4. Vergleich einzelner Konzepte	7
4.1 Rhizom	8
4.2 Nonlinearität	9
4.3 Intertextualität	13
4.4 Autor	15
4.5 *Différance* und Dezentrierung	16
5. Resümee und Ausblick	18
Literaturverzeichnis	21

1. Einführung in die Thematik

Der amerikanische Literaturwissenschaftler George P. Landow konstatiert in seinem Werk *Hypertext*, welches es mittlerweile in einer ‚Version 3.0' gibt, eine Konvergenz von poststrukturalistischer Literaturtheorie und der Theorie des Hypertexts. Er führt darin einige offensichtliche Parallelen an, ohne allerdings detaillierte Ausführungen dazu zu machen, und bringt das Verhältnis sogar auf die griffige Formel eines „digitalized, hypertextual Derrida".[1] Heinz Hiebler bemerkt dazu, dass so Derrida zu einem „Ahnherrn des Hypertextkonzept stilisiert"[2] werde. In der Tat scheinen Behauptungen wie die des Hypertext-Enthusiasten Landow etwas verwegen, denn gerade der Literaturtheorie (bzw. der Philosophie) unterstellt man wohl am wenigsten von allen Wissenschaften eine besondere Affinität zu Computern oder zu Technik überhaupt. Könnte die Annahme solcher Beziehungen aber nicht vielleicht doch in gewissem Maß gerechtfertigt sein? Ob, und wenn ja in welchen Bereichen, sich derartige Bezüge oder gar eine gegenseitige Beeinflussung tatsächlich nachweisen lassen, das ist die zentrale Fragestellung der vorliegenden Arbeit.

Die hauptsächliche Vorgehensweise ist dabei die, dass Aspekte der poststrukturalistischen Theorien mit Wesenszügen des Hypertextkonzepts in Beziehung gesetzt werden. Welche Vorstellungen gibt es auf der einen, welche auf der anderen Seite? Konkrete Gegenstände der Untersuchung wären: Rhizom, Nonlinearität, Intertextualität, Rolle des Autors[3] und *Différance*/Dezentrierung. Sicherlich gibt es noch den einen oder anderen Punkt, der näher betrachtet werden könnte (beispielsweise Bachtins ‚Vielstimmigkeit'), aber hinsichtlich der geplanten Argumentation sollten die genannten genügen. Den Schwerpunkt bei der Betrachtung des *Hypertextes* bildet dessen Einsatz bei Wissensstrukturierung und Informationsvermittlung. Der ganze Komplex ‚Hyperfiction' (die Nutzung von Hypertext zur Schaffung einer besonderen literarischen Ästhetik) sowie die digital aufbereiteten Literatureditionen können deshalb, trotz enger Verwandtschaft zum Thema, kaum Berücksichtigung finden. Auch ‚Hypermedia', also die Einbindung audiovisueller Medi-

---

[1] George P. Landow: Hypertext 3.0. Citical theory and new media in an Era of Globalization. Baltimore: Johns Hopkins University Press 2006, S. 1.

[2] Heinz Hiebler: Medien und Kultur. Studienbrief für den Fachbereich Kultur- und Sozialwissenschaften der FernUniversität Hagen. Hagen: Fernuniversität 2011, S. 86.

[3] Wenn in dieser Arbeit von Autor, Leser usw. die Rede ist, so ist damit im Allgemeinen die Funktion und nicht die Person gemeint. Auf geschlechtsneutrale Formulierungen wie ‚AutorIn', ‚Autor und Autorin', ‚Autor/in' u.Ä. wird also, auch aus Gründen der besseren Lesbarkeit, verzichtet.

en in den Hypertext, kommt nur am Rande vor. Verzichtet wurde außerdem auf Arbeiten, die den Hypertext grundsätzlich ablehnen[4] – das hätte den vorgegebenen Rahmen der Darstellung einfach gesprengt.

Leider gibt es meiner Kenntnis nach nicht allzu viel Literatur, die sich wirklich eingehend mit dem Verhältnis vom Hypertext zum Poststrukturalismus auseinandersetzt. Oft wird nur vage auf Zusammenhänge hingewiesen oder es werden lediglich einzelne Aspekte beleuchtet. Landow belässt es meist bei der Erwähnung von „convergences"[5] oder plakativen Generalisierungen ("Bush and Barthes, Nelson and Derrida, […] begin with the desire to enable us to escape the confinements of print.")[6] Eine Gesamtdarstellung fehlt offensichtlich ganz. Diese kann selbstverständlich auch die vorliegende Arbeit nicht liefern, aber ich will versuchen, verstreute Informationen zu versammeln, sie gegebenenfalls gegeneinander abzuwägen und selbst dazu Stellung zu beziehen.

Vor einer detaillierten Auseinandersetzung mit dem Thema ist eine Verortung der beiden Komplexe ‚Poststrukturalismus' und ‚Hypertext' in ihren jeweiligen historischen und theoretischen Zusammenhängen unabdingbar. In einer literaturwissenschaftlichen Arbeit werden die Ausführungen zum – als bekannt vorausgesetzten – Poststrukturalismus dabei eher kürzer ausfallen, während beim eher fachfremden ‚Hypertext' etwas weiter ausgeholt werden muss.

So kann und will die nun folgende Darstellung des Poststrukturalismus keinerlei Anspruch auf Vollständigkeit erheben. Es sollen darin vor allem, in sehr verkürzter Form, einige derjenigen Aspekte beleuchtet werden, die mit dem Hypertextkonzept in Verbindung zu bringen sind.

2. Poststrukturalismus

Beim Poststrukturalismus handelt es sich nicht um ein geschlossenes theoretisches System, sondern er ist gerade als Infragestellung jeglicher Systematisierung zu verstehen, als Reaktion – wie der Name sagt – auf den Strukturalismus und dessen Anspruch einer universalen Gültigkeit hinsichtlich des Verhältnisses von Sprache

---

[4] Z.B.: Stephan Porombka: Hypertext. Zur Kritik eines digitalen Mythos. München: Fink 2001.
[5] Landow: Hypertext 3.0, S. 1.
[6] Ebd. S. 66.

und Bedeutung.[7] Besonders Jacques Derrida spielte seit den 1960er Jahren dabei eine zentrale Rolle, indem er nachzuweisen versuchte, dass es stabile Bedeutungsstrukturen gar nicht geben könne, sondern dass Bedeutung durch die differentielle Natur des Zeichens immer nur aufgeschoben und weiterverwiesen, aber nie wirklich erreicht wird. Dieselbe Eigenschaft des Zeichens bewirkt letztendlich auch, dass sich jeder Text selbst ‚dekonstruiert'. Denkprinzipien wie Ordnung, Folgerichtigkeit oder Eindeutigkeit werden so ad absurdum geführt.

Neben Derridas Dekonstruktion und teilweise auf diese aufbauend haben sich weitere Strömungen entwickelt, die sich bei aller Verschiedenheit doch unter der Bezeichnung ‚Poststrukturalismus' zusammenfassen lassen. Als erstes wäre die Diskurstheorie von Michel Foucault zu nennen. Für unseren Zusammenhang ist dabei die Fragestellung von Interesse, wie die Strukturierung des Wissens und das Wissen selbst zusammenhängen und wie damit Sprache die Wirklichkeit (bzw. deren Wahrnehmung) determiniert. In Nachfolge der erwähnten ‚Vielstimmigkeit' prägt Julia Kristeva den Begriff der ‚Intertextualität'. Jeder Text greift demnach andere Texte auf und bildet sie in verschiedenster Weise ab. Roland Barthes verkündet einen „Tod des Autors"[8] – ein Gedanke, der nicht zuletzt auch als Konsequenz der Intertextualität zu sehen ist. Barthes propagiert darüber hinaus einen „idealen Text"[9]: Dieser sei, mit einer Vielzahl an Beziehungen, nach allen Seiten offen. Eine ähnliche Vorstellung für die den Anforderungen der Gegenwart angemessene Textform hatten Gilles Deleuze und Félix Guattari und benutzten dafür den Begriff des ‚Rhizoms'[10], einer bei Pflanzensprossen vorkommenden netzartig wuchernden Struktur.

3. Hypertext

Herkömmliche Textmodelle werden durch die Poststrukturalisten also grundlegend in Frage gestellt, und das hat nicht nur Einfluss auf die *Literatur*theorie, sondern auf alles, was ‚Text' ist – und damit in letzter Konsequenz auf das Ver-

---

[7] Vgl. Nicolas Pethes: Literatur- und Kulturtheorie. Studienbrief für den Fachbereich Kultur- und Sozialwissenschaften der FernUniversität Hagen. Hagen: Fernuniversität 2011, S. 37.
[8] Barthes, Roland: Der Tod des Autors. In: Texte zur Theorie der Autorschaft. Hrsg. von Fotis Jannidis. Stuttgart: Reclam 2000, S. 185–193.
[9] Roland Barthes: S/Z. Frankfurt am Main: Suhrkamp 1976, S. 9-10.
[10] Gilles Deleuze / Félix Guattari: Rhizom. Berlin: Merve Verlag 1977.

ständnis von Wirklichkeit an sich, die, wie man gelernt hat, immer sprachlich vermittelt ist. Wie kann Information überhaupt noch sinnvoll strukturiert und dargestellt werden? Für die Wissenschaft eine enorme Herausforderung.

Nicht erst der Poststrukturalismus hat auf diese Probleme hingewiesen. Ein Unbehagen mit der hierarchischen Strukturierung von Wirklichkeit durch die Wissenschaft und der Unzulänglichkeit der Darstellungsmittel gab es schon lange vorher. Bereits zwei Jahrzehnte vor Derrida hat Vannevar Bush, ein Ingenieur und technischer Berater der US-Regierung, versucht dem zu begegnen. In seinem Aufsatz *As we may think*[11] aus dem Jahr 1945, der allgemein als frühe Vision zum Hypertext angesehen wird und mittlerweile sogar auf Deutsch erschienen ist,[12] liefert Bush den Entwurf einer assoziativen und netzwerkartigen Verknüpfung der den Forscher interessierenden Quellen, um der wachsenden Informationsflut in den Wissenschaften zu begegnen. Wissen könne nicht mehr linear oder hierarchisch geordnet und dargestellt werden. Stattdessen schlägt Bush vor, sich an der Struktur menschlichen Denkens (oder was er darunter versteht) zu orientieren:

> Das menschliche Gehirn funktioniert anders. Es arbeitet mit Assoziation. Sobald es eine Information erfasst hat, greift es schon nach der nächsten, die sich durch gedankliche Assoziation anbietet – gemäß eines komplizierten Netzes von Pfaden, das über die Gehirnzellen verläuft.[13]

Zu diesem Zweck entwirft Bush eine aufwendige Maschine, die v.a. mit Hilfe des damals neuen Mikrofilms (also einer *analogen* Technik) arbeiten und in der Lage sein sollte, das Wissen der gesamten Menschheit zu speichern. Der ganze Informationsbestand müsste dann in Form eines assoziativen Indexes zugänglich gemacht werden. Wichtig sei dabei, dass man auf verschiedenen Wegen und über verschiedene Suchbegriffe zum gewünschten Ziel kommen könne. Das Netz der gefundenen und miteinander gekoppelten Dokumente könne in Form sogenannter ‚Pfade' (*trails*)[14] visuell dargestellt, auf Mikrofilm gespeichert und weitergegeben werden. Ob es sich bei Bushs *Memex* auch um eine „poetic machine"[15] handelt

---

[11] Vannevar Bush: As we may think. URL: http://www.theatlantic.com/magazine/archive/1945/07/as-we-may-think/3881/ (13.12.2011)
[12] Vannevar Bush: Wie wir denken werden. In: Reader Neue Medien. Texte zur digitalen Kultur und Kommunikation. Hrsg. von Karin Bruns u. Ramón Reichert. Bielefeld: Transcript-Verlag 2006, S. 106–125.
[13] Ebd. S. 119-120.
[14] Ebd. S. 120. u. Bush: As we may think., S. 2.
[15] Landow: Hypertext 3.0, S. 13.

("science and poetry work in essentially the same way"[16]), sei dahingestellt. Tatsache jedenfalls ist, dass der *Memex* nie gebaut wurde, obwohl Bush lebenslang an der Idee festhielt. Die sich allmählich entwickelnde Digitaltechnik ignorierte er weitgehend und befasste sich auch nicht mit der ersten hypertextähnlichen Computeranwendung, dem *Augment* von Douglas Engelbart. Dieses ab 1963 entstehende vernetzte System enthält bereits in den Text eingebettete Verweise zu anderen Texten und verwendet dabei Maus, Fenstertechnik und eine Nachrichtenübermittlung ähnlich der E-Mail.[17]

Das erste Mal taucht der Begriff ‚Hypertext' in einem Artikel Theodor Nelsons im Jahr 1965[18] auf, übrigens gleich im Zusammenhang mit ‚Hypermedia'. Der um prägnante Wortschöpfungen (‚Docuverse') nie verlegene Nelson hat diese Technik als einer der Ersten theoretisch-systematisch untermauert. Aber er hat auch ein gerüttelt Maß zum ‚Hype' um den Hypertext beigetragen und meinte sogar, Hypertext sei „the next stage of civilization, the next stage of literature, [...]"[19] Sein eigenes Projekt *Xanadu* konnte allerdings trotz jahrzehntelanger Entwicklung nie verwirklicht werden.

Aber was versteht Nelson eigentlich unter ‚Hypertext'? Zieht man seine allererste Definition heran, so ist darunter „a body of written or pictorial material interconnected in such a complex way that it could not conveniently be presented or represented on paper"[20] zu verstehen. Er widerspricht sich aber einige Jahre später selbst, wenn er sein Buch *Literary machines* als Hypertext bezeichnet![21] Dort definiert er Hypertext denn auch generell als „non-sequential writing".[22] Er möchte sogar ‚Text' als Untermenge von ‚Hypertext' verstanden wissen, da letzterer linearen Text einschließe.[23] In der Nachfolge von Nelson trifft man auf die ver-

---

[16] Landow: Hypertext 3.0, S. 13.
[17] Vgl. Andreas Hendrich: Spurenlesen. Hyperlinks als kohärenzbildendes Element in Hypertext. Inaugural-Dissertation zur Erlangung d. Doktorgrades d. Philosophie an d. Ludwig-Maximilians-Univ. München. http://edoc.ub.uni-muenchen.de/3054/1/Hendrich_Andreas.pdf, S. 37. (13.12.2011)
[18] Theodor H. Nelson: Complex information processing: a file structure for the complex, the changing and the indeterminate. In: ACM '65 Proceedings of the 1965 20th national conference. Hg. v. Lewis Winner. New York 1965, S. 96.
[19] Theodor H. Nelson: Literary machines. 93.1. Sausalito CA: Mindful Pr. 1993, S. 0/2.
[20] Nelson: Complex information processing, S. 96.
[21] Nelson: Literary machines, ca. S. 12 (ungezählt).
[22] Ebd. S. 1/17.
[23] Nelson: Literary machines, S. 0/3.

schiedensten Definitionen,[24] und aus pragmatischen Gründen – besonders um für diese Arbeit, die Hypertext vorrangig im Zusammenhang mit dem WWW behandelt, eine tragfähige Grundlage zu haben – möchte ich mich an eine sehr enge Definition aus der Medienwissenschaft halten: „Als Hypertext wird ein Text im Internet und auf CD-ROM verstanden, der über Adressierungsfunktion der Links technisch feste Verknüpfungen mit anderen Texten aufweist."[25]

In der Nachfolge Engelbarts gab es zahlreiche eigenständige Hypertextsysteme, die aber allesamt auf bestimmte Computerplattformen beschränkt blieben und deshalb keine allgemeine Verbreitung fanden. Das änderte sich grundlegend mit der Entwicklung des Internet und seiner Hypertext-Sektion, dem *World Wide Web*. Für private Nutzung freigegeben ist das WWW seit 1991. Wichtigstes Strukturmerkmal ist die dezentrale Verteilung der Daten auf beliebig viele Server und die Abrufmöglichkeit der Daten durch prinzipiell jeden am System angeschlossenen Client.[26] Aber selbst die Einrichtung eines *eigenen* Servers ist von jedem Internetanschluss aus möglich – wodurch theoretisch jeder Nutzer das weltumspannende Hypertextsystem um selbstverfasste Beiträge erweitern kann. Dazu kommen die neuen Möglichkeiten der ‚Mitschreibprojekte' (Blogs, Wikis usw.) Die Grenze zwischen Autor und Leser wird also mehr und mehr verwischt.

Neben der Plattformunabhängigkeit und Einfachheit hat vor allem die weltumspannende Vernetzung zum Erfolg des WWW beigetragen, so dass Hendrich feststellen kann: „Konstruiert wurde und wird mit dem WWW eine neue Maschine gigantischen Ausmaßes, die alle Konzepte und Vorstellungen von Maschinen mit klar umrissenen Grenzen und Funktionen sprengt."[27] Und Bolter bemerkt: „Das implizite Telos [des WWW] ist ein einziger, alles umfassender Hypertext".[28]

Die angesprochene Einfachheit hat allerdings ihren Preis. Viele der von Engelbart, Nelson oder sogar Bush vorgesehenen Merkmale sind in HTML, der Hypertextsprache des WWW, nicht verwirklicht. Beispielsweise ist eine Speicherung oder

---

[24] Für eine ausführliche Diskussion des Hypertextbegriffs sei verwiesen auf: Espen J. Aarseth: Nonlinearity and literary theory. In: Hyper/text/theory. Hg. v. George P. Landow. Baltimore: Johns Hopkins University Press 1994. S. 67-68 u. Thomas Eibl: Hypertext. Geschichte und Formen sowie Einsatz als Lern- und Lehrmedium. München: Kopaed 2004., S. 109.

[25] Knut Hickethier: Einführung in die Medienwissenschaft. Stuttgart: J.B. Metzler 2003, S. 116. Das Wort ‚CD-ROM' sollte hier aber besser durch ‚computerlesbaren Datenträgern' ersetzt werden, um die Variationsbreite möglicher Trägermedien nicht unnötig zu beschränken.

[26] Soweit für bestimmte Websites keine Zugangsbeschränkungen bestehen.

[27] Hendrich: Spurenlesen, S. 40.

[28] Jay D. Bolter: Das Internet in der Geschichte der Technologien des Schreibens. In: Mythos Internet. Hg. v. Stefan Münker / Alexander Roesler. Frankfurt am Main: Suhrkamp 1997. S. 42-43.

gar Visualisierung von Verknüpfungspfaden (eine der zentralen Anliegen Bushs) nur rudimentär verwirklicht. Und Editierfunktionen, die in ersten Browsern, den Anzeigeprogrammen fürs WWW, noch vorhanden waren und die für ‚echten' Hypertext eigentlich unabdingbar sind, fehlen inzwischen. Der Leser kann nur die Links benutzen, die schon vorhanden sind und nicht selbständig Verlinkungen hinzufügen.[29] Allerdings gibt es mehr und mehr eigenständige (aber mit dem Internet verbundene) Software, die entsprechende Funktionen für den heimischen PC bereitstellt.[30] Eine weitere schwerwiegende Einschränkung ist jedoch, dass ‚Mehrfachverlinkung' bei HTML nicht möglich ist: Ein Hypertextknoten kann immer nur auf einen einzigen anderen Knoten verweisen.

4. Vergleich einzelner Konzepte

Die gedankliche Spannweite der Literatur zum Verhältnis des Hypertextkonzepts mit dem Poststrukturalismus reicht von der Annahme eines ursächlichen und direkten Zusammenhangs bis hin zu der einer zufälligen Übereinstimmung. So bemerkt Tredinnick, dass „[…] hypertext and the Web were developed with an explicit rejection of the epistemological models applied to traditional approaches to managing information",[31] während Landow eine generelle Verkörperung poststrukturalistischer Ideen im Hypertext wahrnimmt: „Hypertext embodies Julia Kristeva's notions […], Michel Foucault's conceptions […], and Gilles Deleuze and Felix Guattari's ideas […]".[32] Einen eher aus Opportunitätsgründen nachträglich konstruierten Zusammenhang sieht Hendrich:

> Nach einer langen und relativ stillen Entwicklungszeit tritt Hypertext gerade rechtzeitig ins öffentliche Licht, um dekonstruktivistische oder poststrukturalistische Theorien von Literatur, Gesellschaft und kollektivem Wissen zu bedienen, und um Vorstellungen von dezentralen Subjekten und multiplen Persönlichkeitskonzepten ein technisches Gegenüber zu bieten.[33]

Welche von diesen Aussagen zutreffen könnten, das soll nun anhand einzelner poststrukturalistischer Entwürfe untersucht werden.

---

[29] Vgl. Hickethier: Einführung in die Medienwissenschaft, S. 118.
[30] Z.B. das Literaturverwaltungsprogramm ‚Citavi', das auch für diese Arbeit benutzt wurde.
[31] Luke Tredinnick: Post-structuralism, hypertext, and the World Wide Web. In: Aslib Proceedings 59 (2007) H. 2, S. 169.
[32] George P. Landow: What's a Critic to Do? In: Hyper/text/theory. Baltimore ;, London: Johns Hopkins University Press 1994, S. 1.
[33] Hendrich: Spurenlesen, S. 31.

4.1 Rhizom

Die zentrale Eigenschaft von Hypertext ist, wie wir gesehen haben, die (technisch hergestellte und feste) Verknüpfung separater Textstücke. Solche ‚Verlinkungen' können in alle Richtungen verlaufen, sich überkreuzen, zum Ausgang zurückkehren. Die Struktur, die sich daraus ergibt, erinnert stark an das, was Gilles Deleuze und Félix Guattari mit dem aus der Botanik stammenden Begriff des ‚Rhizoms' beschrieben haben: „Im Unterschied zu den Bäumen und ihren Wurzeln verbindet das Rhizom einen beliebigen Punkt mit einem anderen."[34] Auch das WWW in seiner Gesamtheit weist eine solche nicht-hierarchische Struktur auf, ist beliebig erweiterbar und kann, wie das Rhizom, an jeder Stelle unterbrochen werden, ohne dass es als Ganzes Schaden nimmt oder gar zusammenbricht.[35]

Den Begriff ‚Hypertext' gab es schon, als *Rhizom* im Jahre 1976 erschienen ist, ebenso gab es funktionierende Hypertextsysteme (allerdings noch kein WWW). Eine explizite Verbindung des Rhizom-Prinzips mit Hypertext findet durch Deleuze/Guattari jedoch nicht statt. Es ist weiterhin das *Buch,* auf das sich ihre Ideen beziehen. Allerdings müsse dieses anders gehandhabt werden als früher. Der Leser könne und solle es nach eigenem Gutdünken benutzen:

> Ein Rhizom bilden, Maschinen bauen, die vor allem demontierbar sind […] Oder besser noch, ein funktionelles, pragmatisches Buch: nehmt euch, was ihr wollt. […] Michel Foucault antwortet auf die Frage, was für ihn ein Buch sei: eine Werkzeugkiste. […] Es gibt keinen Tod des Buches, sondern eine neue Art zu lesen. In einem Buch gibt's nichts zu verstehen, aber viel, dessen man sich bedienen kann. […] Das Buch ist kein Wurzelbaum, sondern Teil eines Rhizoms, Plateau eines Rhizoms für den Leser, zu dem es paßt.[36]

Die Frage muss wohl unbeantwortet bleiben, ob Hypertext das sein kann, was Deleuze/Guattari (im Anschluss an Foucault) als ‚Werkzeugkiste' titulieren. Auf alle Fälle ließe sich Hypertext im Vergleich zu Büchern leichter als Werkzeugkiste verwenden, wenn man bei diesem Bild bleiben will. Das nächste Werkzeug liegt hier immer nur ‚einen Mausklick' entfernt. Deleuze/Guattari haben tatsäch-

---

[34] Deleuze/Guattari: Rhizom, S. 34. Dem entspricht auch Bolters Bemerkung vom WWW als einzigen Hypertext, bei dem alles mit allem verbunden ist (s. S. 6, Fußnote 28).

[35] Vgl. Hyun-Joo Yoo: Text, Hypertext, Hypermedia. Ästhetische Möglichkeiten der digitalen Literatur mittels Intertextualität, Interaktivität und Intermedialität. Würzburg: Königshausen & Neumann 2007, S. 111-114.

[36] Deleuze/Guattari: Rhizom, S. 40. Vgl. Michel Foucault: Mikrophysik der Macht. Über Strafjustiz, Psychiatrie und Medizin. Berlin: Merve Verlag, 1976. S. 45.

lich versucht, ihr „Buch als Rhizom" anzulegen, aus „Plateaus zusammengesetzt."[37] Es soll nicht Seite für Seite gelesen werden, sondern der Leser möge sich gerade das für ihn Passende heraussuchen. Aber genau dieser Leser kann sich des Eindrucks nicht erwehren, dass er trotz aller Ankündigungen ein relativ konventionelles Buch vor sich hat, das sehr wohl linear lesbar ist.

Die scheinbare Analogie von Rhizom und Computernetzwerk bleibt nicht alleine auf den Textbereich beschränkt. Sehr leicht ließe sich folgender Satz auf das beziehen, was man als ‚Hypermedia' bezeichnet, nämlich dass nicht nur ein Textstück sondern jede beliebige Mediendatei (Bild, Film usw.) Anker- oder Zielpunkt in einem Hypertext sein kann: „jede seiner [des Rhizoms] Linien verweist nicht zwangsläufig auf gleichartige Linien, sondern bringt sehr *verschiedene Zeichensysteme* ins Spiel".[38]

Es wäre vermessen zu behaupten, die Hypertext-Theoretiker hätten den Rhizom-Gedanken explizit aufgegriffen und verwertet – oder umgekehrt. Aber die Entsprechungen bis in Einzelheiten hinein sind offensichtlich und entspringen wohl den gleichen Problemen, denen sich Informationswissenschaft und Literaturtheorie gegenübergestellt sahen. Man sollte aber die Konstruktion von Analogien nicht zu weit treiben. Aspekte der „RHIZOMATIK" wie „SCHIZOANALYSE" oder „MIKROPOLITIK"[39] werden sich nur schwerlich auf den Hypertext übertragen lassen. Auch Landow weist auf Unterschiede hin:

> The rhizome is essentially a counterparadigm, not something realizable in any time or culture, but it can serve as an ideal for hypertext, and hypertext, at least Nelsonian, ideal hypertext, approaches it as much as can any human creation.[40]

4.2 Nonlinearität

In enger Beziehung mit der Vorstellung des Rhizoms, der nichthierarchischen Vernetzung, ist der Begriff der ‚Nonlinearität' zu sehen. Gerade die Nonlinearität ist es auch, die mit dem Konzept ‚Hypertext' am ehesten in Verbindung gebracht wird und die schon Nelson als zentrales Merkmal definiert hat.[41]

---

[37] Deleuze/Guattari: Rhizom, S. 35-36.
[38] Ebd. S. 34 (Hervorhebung: Brech).
[39] Ebd. S. 36 (Großschreibung im Original)
[40] Landow: Hypertext 3.0, S. 62.
[41] Nelson: Literary machines, S. 1/17.

Was ist nun damit – im Zusammenhang mit Texten – eigentlich gemeint? Generell liest man einen gedruckten Text von oben nach unten bzw. von vorne nach hinten. Das wäre also lineares oder sequentielles Lesen. Natürlich steht es jedem frei, ein Buch auch gegen die vorgesehene Richtung zu lesen, beispielsweise bei einem Krimi zuerst die Lösung des Falles. Man muss also erst einmal unterscheiden, ob ein Text nonlinear *gelesen* wird – oder ob der Text nonlinear *angelegt* ist. Und solche strukturell nonlinearen Texte gibt es nicht erst seit der Erfindung des Computers, sondern wohl schon seit es geschriebene Texte gibt. Bereits in mittelalterlichen Handschriften lassen sich nonlineare Elemente finden, beispielsweise in Form von Randkommentaren. Auch jedes Lexikon ist von seiner Bestimmung her nonlinear angelegt. Jeder Leser sucht sich den Textabschnitt heraus, der gerade für ihn von Interesse ist.[42] Darüber hinaus enthalten die meisten Artikel Verweise auf andere Artikel, ähnlich den Verlinkungen im Hypertext. Trotzdem bleiben die Seiten eines jeden Buches, im Gegensatz zum Hypertext, immer in einer festen, ‚linearen' Anordnung. Dass das Buch somit ein grundsätzlich lineares Medium ist, zeigt sich gerade daran, wie umständlich die Benutzung gedruckter Lexika (oder Enzyklopädien) sein kann. Es scheint, als sei das Buch für nonlineare Inhalte ein unangemessenes Medium. Trotzdem gibt es Nonlinearität als Strukturmerkmal auch in erzählenden Texten, aber da wird meist mit ihr gespielt, sie wird, etwa zusammen mit der Medialität des Buches, thematisiert.[43] Als Beispiel sei hier nur E.T.A. Hoffmanns *Kater Murr* [44] erwähnt.

Aber worin unterscheidet sich nun der *Hypertext* von nonlinearen Strukturen in ‚herkömmlichen' Texten? Ausschlaggebendes Kriterium ist die *elektronische* Verbindung zwischen verschiedenen Textblöcken, die nur per Computer und der entsprechenden Software hergestellt werden kann.[45] Entsprechend beruht nach Aarseth die Besonderheit der Nonlinearität im Hypertext auf seiner „physico-logical form"[46] – und nicht auf inhaltlichen Kriterien.

---

[42] Ähnlich der ‚Werkzeugkiste' von Deleuze/Guattari bzw. Foucault.
[43] Vgl. Harro Segeberg: „Parellelpoesien". Buch- und/oder Netzliteratur? Einführung und Überblick. In: Digitalität und Literatur. Zur Zukunft der Literatur. Hg. v. Harro Segeberg / Simone Winko. München: Fink 2005. S. 13.
[44] Ernst T. A. Hoffmann: Lebens-Ansichten des Katers Murr. Roman. Düsseldorf: Artemis und Winkler 2006. Vgl. Pethes: Literatur- und Kulturtheorie. S. 66. Vgl. auch: Bolter: Das Internet in der Geschichte der Technologien des Schreibens, S. 46.
[45] S.a. Defintion von Hypertext S. 6.
[46] Aarseth: Nonlinearity and literary theory, S. 52.

Der Vorteil gegenüber gedruckten Dokumenten ist der geringe Aufwand, der nötig ist, um an den verknüpften Text zu gelangen. Im Allgemeinen genügt ein Tastendruck, wodurch sich Aarseth dazu veranlasst sieht, der Nonlinearität des Hypertexts noch einen weiteren Aspekt hinzuzufügen, nämlich „the jump – the sudden displacement of the user's position in the text".[47] Was aus dem elektronischen Verknüpfen weiter folgt, ist die ‚Eleganz', mit der heterogene Inhalte zueinander in Beziehung gebracht werden können. So kann man sie beispielsweise auf dem Bildschirm nebeneinander anordnen. Man denke dagegen an die Fußnoten in gedruckten wissenschaftlichen Texten (und dem mühsamen Aufsuchen der jeweiligen Textstellen oder Quellen). Genau das versuchte Barthes in S/Z zu vermeiden. Er wählt für diese Analyse einer Erzählung Balzacs stattdessen eine Form, die auf mehrfache Weise mit der üblichen Gestaltung herkömmlicher wissenschaftlicher (gedruckter) Literatur bricht. Die Unterteilung in ‚Haupttext' und Fußnoten wird weitgehend aufgehoben, die Funktionen bestimmter Textpartikel werden durch Symbole, „Codes"[48] und unterschiedliche Schrifttypen kenntlich gemacht. Balzacs Text wird in einzelne „Leseeinheiten, [...] *Lexien*"[49] unterteilt (was an die einzelnen Segmente eines Hypertexts erinnert). Für den Leser sind Druckbild und Darstellungsweise allerdings eher verwirrend. Ähnlich wie bei *Rhizom* drängt sich die Frage auf, wie das Ganze wohl in Hypertext ausgesehen hätte.[50]

In eben jenem *S/Z* findet sich die Vision eines ‚idealen Textes', die sich mühelos als Beschreibung des Hypertextes und seiner nonlinearen Struktur lesen ließe:

> In diesem idealen Text sind die Beziehungen im Textgewebe so vielfältig und treten so zueinander ins Spiel, daß keine von ihnen alle anderen abdecken könnte. Dieser Text ist eine Galaxie von Signifikanten und nicht eine Struktur von Signifikaten. Er hat keinen Anfang, ist umkehrbar. Man gelangt zu ihm durch mehrere Zugänge, von denen keiner mit Sicherheit zum Hauptzugang gemacht werden könnte.[51]

Solche bis ins Detail gehenden Analogien sind es letztendlich, die immer wieder den Eindruck vermitteln, als hätten Barthes oder Derrida den Hypertext gekannt und als Vorbild für ihre Theorien benutzt (oder umgekehrt). Dass zumindest Der-

---

[47] Aarseth: Nonlinearity and literary theory, S. 69.
[48] Barthes: S/Z, S. 19.
[49] Ebd. S. 18.
[50] Vgl. Nina Hautzinger: Vom Buch zum Internet? Eine Analyse der Auswirkungen hypertextueller Strukturen auf Text und Literatur. St. Ingbert: Röhrig 1999 (= Mannheimer Studien zur Literatur- und Kulturwissenschaft 18), S. 28-29. Vgl. auch: Landow: Hypertext 3.0, S. 2.
[51] Barthes: S/Z. S. 9-10.

rida moderne (wenn auch noch nicht digitale) Technologien durchaus im Blick hatte, legt eine Bemerkung wie die folgende nahe: „die große ‚Magnetothek' mit elektronischer Auswahl wird in naher Zukunft vorselektierte und sofort verfügbare Informationen liefern."[52] Weiter heißt es dort:

> Die Notwendigkeit, sich in typographischer Reihenfolge auszubreiten, ist für das wissenschaftliche Denken eher hinderlich, und Autoren wie Leser würden es gewiß begrüßen, wenn irgend ein Verfahren entwickelt würde, mit dessen Hilfe die Bücher so präsentiert werden könnten, daß sich der Stoff der verschiedenen Kapitel unter all seinen Gesichtspunkten – simultan – darbieten würde.[53]

Zwar stammen diese Worte aus einem Zitat[54] in einer Fußnote, aber man darf davon ausgehen, dass Derrida mit der Aussage völlig konform geht. Im selben Zusammenhang schreibt er nämlich: „Was es heute zu denken gilt, kann in Form der Zeile oder des Buches nicht niedergeschrieben werden; [...] Die hoffnungslose *Rückständigkeit* eines derartigen Verfahrens zeigt sich heute deutlicher denn je."[55]

Es scheint wirklich so, als habe ein französischer Philosoph die gleichen Probleme gesehen wie (bereits zwanzig Jahre vorher) ein amerikanischer Techniker – und sei auf ähnliche Lösungsansätze gekommen. Es wäre zwar möglich, dass Derrida den Aufsatz *As we may think* gekannt hat (oder auch die Erfindungen eines Douglas Engelbart), aber Belege dafür gibt es wohl nicht.

Für Nelson ist Hypertext sogar die universellste Art des Schreibens.[56] Gleichzeitig stellt er das kreative Potential heraus, das alleine schon in der Struktur des Hypertexts begründet liegt: „Unrestricted by sequence, in hypertext we may create new forms of writing which better reflect the structure of what we are writing about;"[57] Kongruenz von Form und Inhalt, in der Literatur immer wieder angestrebt, könne im Hypertext also auf völlig neue Art realisiert werden.

---

[52] Derrida, Jacques: Grammatologie, S. 154.
[53] Ebd. S. 154-155.
[54] Vgl. André Leroi-Gourhan: Hand und Wort. Die Evolution von Technik, Sprache und Kunst. Frankfurt/Main: Suhrkamp 1980, S. 493. Dort geringfügig anders übersetzt als oben zitiert. Derridas Zitat stammt ursprünglich aus: André Leroi-Gourhan: Le geste et la parole. Paris: Albin Michel 1964-1965. Bd. 2, S. 261-262.
[55] Derrida: Grammatologie. S. 155.
[56] Vgl. S. 5 u. Nelson: Literary machines, S. 1/17.
[57] Nelson: Literary machines, S. 0/3.

4.3 Intertextualität

Kein Text steht für sich allein, sondern reflektiert, ob beabsichtigt oder nicht, auf vielfältige Weise andere Texte. Somit ist nach Julia Kristeva jeder Text ein „Mosaik aus Zitaten"[58]. Die Parallelen dieser ‚Intertextualität' zum Hypertext, der sich ja ebenfalls aus aufeinander bezogenen Bruchstücken zusammensetzt, sind also offensichtlich. Nach Foucault bilden solche Bezüge geradezu ein Netzwerk:

> Die Grenzen eines Buches sind nie sauber und streng geschnitten: über den Titel, die ersten Zeilen und den Schlußpunkt [...] hinaus ist es in einem System der Verweise auf andere Bücher, andere Texte, andere Sätze verfangen: ein Knoten in einem Netz.[59]

Auf die intertextuellen Aspekte des Hypertexts wird in mehreren Untersuchungen hingewiesen. So bemerkt Yoo „verblüffende Ähnlichkeiten"[60] und beschreibt die bereits beim Entstehen erster Hypertextprojekte vorhandene Vision, dass „Millionen Benutzer Millionen Dokumente in Form des durch dynamische Verknüpfung entstandenen Hypertextes gleichzeitig eingeben".[61] Hypertext erscheint damit als „logische Fortsetzung, Anwendung und Ausweitung"[62] der Intertextualität. Außerdem könnten „die intertextuellen Erscheinungen im Hypertext besser beobachtet werden [...]."[63] Idensen geht sogar ein Stück weiter. Nach ihm sei die durch Hypertext zustande gekommene Intertextualität die eigentlich reale:

> Die Intertextualität der Druckkultur ist virtuell, in literarischen Texten explizit hergestellt, produziert. Die Intertextualität im Netz ist konkret, flach, pragmatisch, real(istisch). D. h. die Dokumente/Fragmente 'treffen' sich tatsächlich – ein *link* führt tatsächlich zu einer (oder mehreren) Referenzstelle(n) im selben Text [...] oder in anderen Texten.[64]

Sind die intertextuellen Bezüge von Büchern (v.a. von literarischen Werken) im Allgemeinen eher verdeckt, so legt es der Hypertext geradezu darauf an, diese sichtbar zu machen. Hierzu bemerkt Bolter:

> The intertextual relationship occurs everywhere in print – in novels, gothic romances, popular magazines, encyclopedias, grammars, and dictionaries – yet

---

[58] Julia Kristeva: Bachtin, das Wort, der Dialog und der Roman. In: Literaturwissenschaft und Linguistik. Ergebnisse und Perspektiven. Bd. 3: Zur linguistischen Basis d. Literaturwissenschaft, II.. Hg. v. Jens Ihwe. Frankfurt am Main: Athenäum-Verl. 1972, S. 348.
[59] Michel Foucault: Archäologie des Wissens. 6. Aufl. Frankfurt am Main: Suhrkamp 1994, S. 36.
[60] Yoo: Text, Hypertext, Hypermedia, S. 53.
[61] Ebd.
[62] Ebd. S. 54.
[63] Ebd. S. 55.
[64] Heiko Idensen: Schreiben/Lesen als Netzwerk-Aktivität. In: Hyperkultur. Hg. v. Martin Klepper u.a. Berlin, New York: Walter de Gruyter 1996, S. 85-86.

the electronic space permits us to visualize intertextuality as no previous medium has done.⁶⁵
Aber Hypertext ist nicht nur visualisierte, sondern gleichzeitig unmittelbar präsente Intertextualität. Bei wissenschaftlichen Werken oder generell bei rein informativ gemeinten Texten ist dies im Allgemeinen ein begrüßenswerter Aspekt. Der Leser bekommt auf einfache Weise die Möglichkeit, Bezüge zu anderen Texten herzustellen und den Pfaden der Information zu folgen. Bei hypertextuell aufbereiteter fiktionaler Literatur, die anhand von Links intertextuelle Hinweise enthält, sieht das wohl etwas anders aus: Der Aspekt des *Entdeckens* von intertextuellen Zusammenhängen, das Spiel mit der Phantasie, kann durch vorgefertigte Hypertext-Annotationen möglicherweise leiden, und die Freiheit des Lesers, selbst Bedeutungszusammenhänge herzustellen, wird eingeschränkt.⁶⁶ Im WWW allerdings mit seinen nahezu unendlichen Möglichkeiten der Recherche kann der Leser ganz unerwartete intertextuelle Beziehungen herstellen:

> Hier übernimmt der Leser/Benutzer eine Editorrolle bei seinem Lesevorgang im Netz, [...]. Das Hypertextsystem unterstützt dieses Verfahren mit seiner einfachen Selektionsmöglichkeit durch Links offensichtlich effektiver als die Buchkultur. Mit solch einer freien *transversalen* Leseaktion kann der Leser unerwartete assoziationsreiche Leseerlebnisse haben.⁶⁷

Damit wird der Leser gewissermaßen zum Autor eines ganz eigenen Textes. Im Leser wird sogar die Einheit des (Hyper-) Textes erst hergestellt: „Die einstmals auktoriale Funktion der Einheitsstiftung wandert damit vom Ursprungspunkt, dem Akt der Texterzeugung, zum Zielpunkt, also dem Akt des Lesens."⁶⁸ Bereits Barthes hatte auf die entscheidende Rolle des Lesers bei der Herstellung von Bezügen zwischen verschiedenen Texten hingewiesen: „Der Leser ist der Raum, in dem sich alle Zitate, aus denen sich eine Schrift zusammensetzt, einschreiben, [...]"⁶⁹. Bei Kristeva „koinzidieren" „Adressat", „Schriftsteller" und „das andere Buch"⁷⁰. Und Yoo sieht im ‚Hyperspace' den Ort, „wo Autor, Leser und Texte sich in verschiedener Weise treffen können".⁷¹ Damit wäre auch eine Annäherung

---

⁶⁵ Jay D. Bolter: Writing space. The computer, hypertext, and the history of writing. Hillsdale N.J: Erlbaum 1991, S. 164.
⁶⁶ Vgl. Yoo: Text, Hypertext, Hypermedia, S. 56.
⁶⁷ Ebd. S. 60.
⁶⁸ Uwe Wirth: Der Tod des Autors als Geburt des Editors. In: Digitale Literatur. Hg. v. Heinz L. Arnold. München: Edition Text + Kritik 2001. S. 56.
⁶⁹ Barthes: Der Tod des Autors, S. 192.
⁷⁰ Kristeva: Bachtin, das Wort, der Dialog und der Roman, S. 347.
⁷¹ Yoo: Text, Hypertext, Hypermedia, S. 61.

(oder gar Verschmelzung) von Textrezipient und Textproduzent erreicht, wie sie seitens Derrida, Barthes u.a. immer wieder eingefordert worden war. Dazu aber gleich mehr.

4.4 Autor

In den poststrukturalistischen Theorien wurde die Rolle des Autors immer wieder diskutiert und in Frage gestellt. Nach Foucaults Meinung ist der Autor erst eine Erfindung des späten achtzehnten Jahrhunderts.[72] Barthes setzt den betreffenden Zeitpunkt am „Ende des Mittelalters"[73] an. Beiden gemeinsam ist jedenfalls die Ansicht, dass die Instanz ‚Autor' keineswegs eine zentrale Rolle für den Text spielen muss. Foucault weist darauf hin, dass beispielsweise Bibliothekskataloge früher keineswegs nach demjenigen geordnet waren, der das jeweilige Werk ‚verfasst' hat. Da der ‚Autor' demnach eine Konstruktion und keine feste Größe ist, kann er auch wieder verschwinden.[74] Dass sich zumindest die ihm zugewiesene Bedeutung *verringert*, zeigt sich just am Beispiel der Bibliothekskataloge, denn im modernen OPAC (der wiederum auf dem Hypertextprinzip beruht) tritt die Ordnung nach Autoren, die im Zettelkatalog noch vorherrschend war, wieder in den Hintergrund und ist nur eine unter vielen möglichen.

Barthes fordert in *S/Z* eine Revision des Autor-Leser-Verhältnisses: „Unsere Literatur ist von der gnadenlosen Trennung gezeichnet, die die literarische Institution zwischen dem Hersteller und dem Verbraucher des Textes, [...], seinem Autor und seinem Leser aufrechterhält."[75] An anderer Stelle weist er sogar darauf hin, dass ein Text durch die Zuweisung zu einem Autor „eingedämmt, mit einer endgültigen Bedeutung versehen"[76] wird. Er bezieht sich in beiden Äußerungen zwar auf *literarische* Texte, aber im Rahmen der ohnehin vollzogenen Aufhebung von Grenzen sollte es erlaubt sein, eine solche Stellungnahme auf jede Art von Text zu übertragen.[77] Wäre es möglich, dass sich gegenwärtig im Hypertext des WWW

---

[72] Vgl. Michel Foucault: Was ist ein Autor? In: Texte zur Theorie der Autorschaft. Hg. v. Fotis Jannidis. Stuttgart: Reclam 2000. S. 212-213.
[73] Roland Barthes: Der Tod des Autors. In: Texte zur Theorie der Autorschaft. Hg. v. Fotis Jannidis. Stuttgart: Reclam 2000, S. 186.
[74] Vgl. Pethes: Literatur- und Kulturtheorie, S. 48.
[75] Barthes: S/Z, S 8.
[76] Barthes: Der Tod des Autors, S. 191.
[77] Und gerade das Internet hebt jegliche Trennung zwischen den ‚Textsorten' (und sogar den verschiedenen Medienformen) auf.

ein Wandel hinsichtlich der Trennung von Autor und Leser vollzieht? Wären nicht die *Wikis* (z.B. die *Wikipedia*) hierfür ein herausragendes Beispiel? Dort gibt es tatsächlich keinen Autor mehr, zumindest keinen offensichtlichen. Dadurch, dass sämtliche Einträge von jedem Internetnutzer weltweit editiert werden können, wird jeder Text ein Kollektivprodukt, bei dem der einzelne Mitarbeiter nur noch in einer ‚Versionsgeschichte' aufgeführt wird und sein tatsächlicher Beitrag kaum mehr nachzuvollziehen ist. Die Grenzen zwischen Autor, Text und Leser verschwimmen in einem Projekt wie der Wikipedia also mehr und mehr. In solchen Mitschreibprojekten findet laut Simanowski die „wirkliche Befreiung des Lesers"[78] statt. Der „Konsument" wird „Textproduzent",[79] ganz im Sinne von Barthes.

Dass ein Projekt wie Wikipedia hinsichtlich seines Zweckes als umfassendes Auskunftsmittel auch gravierende Schwächen hat, soll aber in diesem Zusammenhang zumindest erwähnt werden. Einer Zuverlässigkeit der dargestellten Information gerade bei wissenschaftlichen Themen kann man sich nie ganz sicher sein und sie kann höchstens durch mühevolles Überprüfen anhand ‚zuverlässiger', also *autori*sierter und im Normalfall gedruckter, Quellen evaluiert werden.[80] Und wie bei allen Internetdokumenten ist die wissenschaftliche Zitierfähigkeit stark eingeschränkt, weil sich Texte jederzeit ändern oder ganz verschwinden können.

Aber auch jenseits von Wikis und Blogs weist das Konzept ‚Hypertext' auf die *jedem* Text innewohnende Beschaffenheit hin, dass er sich aus sehr verschiedenen Einflüssen zusammensetzt und dass es somit den einen *Autor* gar nicht gibt – so wie es auch den einen *Text* nicht gibt, wie bereits bei der Intertextualität sichtbar wurde. Dass es auch die eine *Bedeutung* nicht gibt, soll im nächsten Abschnitt erläutert werden.

4.5 *Différance* und Dezentrierung

Die Skepsis Derridas und Barthes' hinsichtlich Eindeutigkeit und Zurechenbarkeit betrifft nicht nur *literarische* Texte, sondern erstreckt sich ganz allgemein auf

---

[78] Roberto Simanowski: Autorschaften in digitalen Medien. Einleitung. In: Digitale Literatur. Hg. v. Heinz L. Arnold. München: Edition Text + Kritik 2001. S. 11.
[79] Barthes: S/Z, S. 8.
[80] Eine Online-Enzyklopädie, die wissenschaftlichen Standards eher genügt, liegt in Form der *Encyclopedia Britannica* vor.

Text, somit auch auf Information – und wie diese überhaupt gewonnen werden kann. Es gibt keine Grenzen mehr, jede noch so fundierte Information ist nur eine *scheinbar* endgültige und verweist (durch die lediglich negative Bestimmbarkeit des sprachlichen Zeichens) immer nur auf weitere Bedeutungen – ganz so wie es der (WWW-) Hypertext in seiner geradezu unendlichen Verweisungsstruktur darstellt. Es gibt keine stabil transportierbare Bedeutung, und auch ein objektives oder neutrales Wissen gibt es grundsätzlich nicht, wie Foucault gezeigt hat. Tredinnick weist darauf hin, dass schon das bloße Klassifizieren von Texten deren mögliche Bedeutungsvielfalt einschränkt.[81] In den Informations- und Bibliothekswissenschaften werde der Versuch unternommen, durch Systematiken den Inhalt von Texten zu vermitteln, mithin also Bedeutung stabil zu transportieren – was aber laut Derrida nicht möglich ist. Beschlagwortungen und bibliographische Beschreibungen trügen dazu bei, Bedeutung zu reglementieren: „These qualities can themselves be seen as a way of stabilising meaning, or of reducing what Derrida [...] termed the play of text."[82] Die modernen OPAC-Bibliothekskataloge (und das soll als Ergänzung zu Tredinnick hier angeführt werden), die ja ebenfalls auf dem Hypertextprinzip beruhen, haben inzwischen schon dazu beigetragen, die starre und bedeutungseinschränkende bibliographische Klassifizierung von Texten in den Hintergrund treten zu lassen. Stattdessen können diese Texte nun über unterschiedlichste Zugänge gefunden werden, oder, was sich als noch interessanter erweisen kann, die Ergebnislisten zeigen Texte an, die in einem unvermuteten Zusammenhang mit dem Suchbegriff stehen. Ist es abwegig, wenn man in solchen Vorgängen Derridas ‚Spiel der Signifikanten' wiedererkennt?

Aus der vernetzten Struktur des Hypertexts jedenfalls ergibt sich so etwas wie die fortwährende Aufschiebung der Bedeutung von einem Knoten auf einen anderen, was wiederum Derridas Prinzip der ‚Dezentrierung' zu entsprechen scheint.[83] Die herkömmliche Unterscheidung von Sinnzentrum und Rand eines Textes (die Derrida dekonstruierte) entfällt beim Hypertext.[84] In ihm ist nichts Zentrum – und alles kann das Zentrum sein, von dem sämtliche Pfade ausgehen. Auch hier wieder erscheint die Praxis des Hypertexts als ein Bild dessen, was die Theorie gemeint hat: Verweisungen ohne Sinnzentrum.

---

[81] Tredinnick: Post-structuralism, hypertext, and the World Wide Web, S. 175.
[82] Ebd. S. 177.
[83] Landow: Hypertext 3.0, S. 10
[84] Vgl. Bolter: Writing space, S. 163.

Wie schon in den zuvor untersuchten Analogien zwischen Poststrukturalismus und Hypertext besteht natürlich auch bei dieser keine Eins-zu-Eins-Beziehung, denn Hyperlinks sind immer *hinzugefügt*, die ‚Aufschiebung von Bedeutung' ist also hier kein intrinsisches Merkmal des Ausgangstextes. Dennoch kann der Hypertext als *Veranschaulichung* dessen dienen, was Derrida mit ‚différance' gemeint hat. Darüber hinaus kann er aber – besonders in der Form des WWW mit seinem grenzenlosen Beziehungsgeflecht – *tatsächlich* Bedeutungszusammenhänge herstellen, die ansonsten möglicherweise unentdeckt geblieben wären.

5. Resümee und Ausblick

Mit Derrida, dem Ausgangspunkt der vorliegenden Arbeit, sind nun auch die Einzelvergleiche abgeschlossen, die die grundsätzliche Frage klären sollten, ob und wie sich Hypertext und Poststrukturalismus aufeinander beziehen lassen. Dass es Ähnlichkeiten gibt, wurde schon sehr bald deutlich. Oft schienen sich auch verblüffende Übereinstimmungen zu zeigen, beispielsweise beim Vergleich des WWW mit dem Rhizom oder bei der Intertextualiät. In welchem Kausalverhältnis die Konzepte zueinander stehen, das ließ sich im Einzelfall schwer nachweisen, ist aber vielleicht auch gar nicht notwendig. Die zeitliche und konzeptuelle Nähe lässt zumindest den Schluss zu, dass es gemeinsame Problembereiche gab, die von der Literaturtheorie (bzw. der Philosophie) und der Informationswissenschaft als Fragen formuliert und mit den jeweils eigenen Mitteln beantwortet wurden. Dass beide zu ähnlichen Ergebnissen gelangten, kann eigentlich nicht verwundern. Dem Hypertext als *Praxis* kommt dabei der Vorteil einer besseren Anschaulichkeit zu. Und ich stimme durchaus mit Landow überein, wenn er schreibt: „Most important, perhaps, an experience of reading hypertext [...] greatly clarifies many of the most significant ideas of critical theory."[85]

In manchen Bereichen kann der Hypertext aber auch Probleme, die vom Poststrukturalismus thematisiert wurden, *wirklich* lösen. Vor allem bietet er hervorragende Werkzeuge zur Erzeugung nonlinearer Texte, und diese können, je nach Einsatzzweck, hinsichtlich Wissensdarstellung und -vermittlung leistungsfähiger sein als das gedruckte Buch. Ein genereller „Tod des Buches"[86] ist zwar auf ab-

---

[85] Landow: Hypertext 3.0, S. 2.
[86] Z.B. Derrida: Grammatologie, S. 20. Vgl. auch Hiebler: Medien und Kultur, S. 88-90.

sehbare Zeit nicht zu befürchten (denn dessen Vorteile liegen – besonders bei längeren Texten – buchstäblich ‚auf der Hand'), allerdings wird es, wie ich vermute, früher oder später bestimmt keine (neuen) *gedruckten* Enzyklopädien mehr geben: Deren Online-Versionen sind einfacher zu aktualisieren und sie bieten bessere Zugriffsmöglichkeiten. Auch wissenschaftliches Schrifttum wird zunehmend im Internet veröffentlich werden. Diese Entwicklung hat bereits vor Jahren begonnen, besonders im Bereich der Fachzeitschriften. Allerdings handelt es sich dabei noch meist um ‚lineare' (lediglich digitalisierte) Texte, die weiterhin herkömmliche Fußnoten statt Hyperlinks verwenden. Aber die Vorteile des Hypertexts, gerade zur strukturierten Darstellung ganzer Wissensgebiete,[87] sind offensichtlich, so dass besonders *Lehr*bücher mehr und mehr auch als Hypertextfassung im WWW verfügbar sind. An dieser Stelle sei nur auf die *Einladung zur Literaturwissenschaft*[88] hingewiesen. Um einen Hypertext zu verfassen, der didaktischen Ansprüchen (und auch denen des Informationsdesigns)[89] genügt, sind jedoch Kenntnisse vonnöten, die weit über das jeweilige Fachwissen hinausgehen. Und nur wenige, die schriftstellerisches Talent haben, können gleichzeitig einen Hypertext programmieren (was einer der Gründe sein mag, wieso es bisher kaum ‚Hyperfiction' gibt, die – meiner Meinung nach – wirklich überzeugt). Weitgehend ungelöst sind auch die wirtschaftlichen und organisatorischen Fragen, die das ‚elektronische Buch' aufwirft.[90]

Einfacher als der Aufbau einer Website oder eines Hypertextsystems ist die Mitwirkung an Blogs und Wikis. In diesem sogenannten *Web 2.0* scheint derzeit eine echte Demokratisierung und ‚Dezentrierung' des Wissens stattzufinden. Generell kann jeder Leser dort zum Autor werden, was eigentlich ganz im Sinne der Poststrukturalisten sein sollte. Zur Nutzung von WWW und Hypertext müssen jedoch bestimmte technische und wirtschaftliche Voraussetzungen erfüllt sein, derer das gedruckte Buch so nicht bedarf. Trotzdem hat es noch nie in der Menschheitsge-

---

[87] Z.B.: LiGo, URL: http://www.li-go.de/definitionsansicht/ligostart.html (13.12.2011).

[88] Jochen Vogt: Einladung zur Literaturwissenschaft. Mit einem Hypertext-Vertiefungsprogramm im Internet. 3., durchges. und aktualisierte Aufl. München: Fink 2002. URL: http://www.uni-due.de/einladung (13.12.2011).

[89] Vgl. Heinz Hiebler: Wissen im digitalen Zeitalter. Studienbrief für den Fachbereich Kultur- und Sozialwissenschaften der FernUniversität Hagen. Hagen: FernUniversität 2011, S. 141-143.

[90] Allerdings scheint sich zumindest beim *E-Book-Reader*, der ein ähnliches ‚Lesegefühl' wie das gedruckte Buch vermitteln kann, ein praktikables Geschäftsmodell durchzusetzen (z.B. bei *Amazon*). In Form des E-Book-Readers bahnt sich außerdem so etwas wie eine Synthese von Buch und Hypertext an – und hätte damit auch gewisse Konsequenzen für unser Thema. Leider kann das hier aus Platzgründen nicht weiter erörtert werden.

schichte eine so allgemeine und breitgefächerte Zugriffsmöglichkeit auf Wissen (auch auf früher unerreichbares) gegeben wie heutzutage. Es konnte auch noch nie komplexe Information so effizient *vermittelt* werden wie seit Erfindung von Hypertext und Internet. Hat Nelson mit seinem „next stage of civilization"[91] vielleicht doch nicht ganz Unrecht? Jedenfalls hatten sowohl Informationswissenschaftler als auch Poststrukturalisten erkannt, dass die herkömmliche, also die lineare und gedruckte, Darstellung von Wissen den Problemen der (damaligen) Gegenwart nicht genügen konnte. Trotzdem sollte man sich davor hüten, allzu angestrengt Übereinstimmungen zwischen Hypertext und Poststrukturalismus zu konstruieren. Gerade Derrida lässt sich nur in *einzelnen* Bereichen auf den Hypertext beziehen, und die Dekonstruktion als *Ganzes* ist kaum im Konzept ‚Hypertext' unterzubringen, dazu ist sie zu vielschichtig. Gerade diese Vielschichtigkeit ist es aber, die immer wieder dazu verführt, sich ins Reich der Spekulation zu begeben (wobei sich ein gewisses Maß an Spekulation auch in dieser Arbeit nicht vermeiden ließ). Landows Schlagwort vom „digitalized, hypertextual Derrida" erscheint jedenfalls mehr als gewagt, und ein differenzierteres Vorgehen ist hier dringend geboten. Auch mit der anfangs erwähnten ‚Konvergenz' sollte man vorsichtig sein. Zweifellos gibt es ein gewisses Interesse der Literaturtheorie[92] am Hypertext (denn sonst wäre *dieser* Text nie entstanden), umgekehrt eher weniger[93] – zumindest wenn man die Anzahl einschlägiger Arbeiten zugrunde legt. Die Konvergenz, die Landow wahrnimmt, ist also eher ein Wunschbild. Doch selbst die Literaturtheorie tut sich schwer, die dem Hypertext zugrundeliegenden Ideen systematisch aufzuarbeiten und zu integrieren. Aarseth fragt, ganz poststrukturalistisch: "How can we cut them up, read into them, de-scribe them so they fit in our narratives?"[94] Die Antwort, die er vorschlägt, sei gleichzeitig der Schlussgedanke dieser Arbeit:

> Literary theory, more than most academic disciplines, has always been uncentered and fragmented, a widening gyre of readings and interests linked to countless philosophies, like a true Barthesian *texte scriptible*. So if hypertext should find a home, why not here?[95]

---

[91] Vgl. S. 5.
[92] In der (Computer-) Philologie und der (Computer-) Linguistik ohnehin.
[93] Landow beispielsweise ist Anglist, kein ausgebildeter Computerfachmann (vgl. Hiebler: Medien und Kultur, S. 86.)
[94] Aarseth: Nonlinearity and literary theory, S. 81.
[95] Ebd. (Zu "texte scriptible" vgl. Barthes: S/Z. S. 8-9).

Literaturverzeichnis

Aarseth, Espen J.: Nonlinearity and literary theory. In: Hyper/text/theory. Hg. v. George P. Landow. Baltimore, London: Johns Hopkins University Press 1994. S. 51–86.

Barthes, Roland: S/Z. Frankfurt am Main: Suhrkamp 1976.

Barthes, Roland: Der Tod des Autors. In: Texte zur Theorie der Autorschaft. Hg. v. Fotis Jannidis. Stuttgart: Reclam 2000. S. 185–193.

Bolter, Jay D.: Das Internet in der Geschichte der Technologien des Schreibens. In: Mythos Internet. Hg. v. Stefan Münker u. Alexander Roesler. Frankfurt am Main: Suhrkamp 1997. S. 37–55.

Bolter, Jay D.: Writing space. The computer, hypertext, and the history of writing. Hillsdale N.J: Erlbaum 1991.

Bolz, Norbert: Am Ende der Gutenberg-Galaxis. Die neuen Kommunikationsverhältnisse. 2. Aufl. München: Fink 1995.

Bush, Vannevar: As we may think. URL: http://www.theatlantic.com/magazine/archive/1945/07/as-we-may-think/3881/ (13.12.2011)

Bush, Vannevar: Wie wir denken werden. In: Reader Neue Medien. Texte zur digitalen Kultur und Kommunikation. Hg. v. Karin Bruns u. Ramón Reichert. Bielefeld: Transcript-Verlag 2006. S. 106–125.

Cailliau, Robert u. Helen Ashman: Hypertext in the Web - a History. In: ACM Computing Surveys 31 (1999) Number 4es. S. article 35, S. 1-6.

Culler, Jonathan D.: Dekonstruktion. Derrida und die poststrukturalistische Literaturtheorie. Dt. Erstausg., Neuausg. Reinbek bei Hamburg: Rowohlt-Taschenbuch-Verl. 1999.

Deleuze, Gilles u. Félix Guattari: Rhizom. Berlin: Merve Verlag 1977.

Derrida, Jacques: Grammatologie. Frankfurt am Main: Suhrkamp 1974.

Eibl, Thomas: Hypertext. Geschichte und Formen sowie Einsatz als Lern- und Lehrmedium. München: Kopaed 2004.

Foucault, Michel: Archäologie des Wissens. 6. Aufl. Frankfurt am Main: Suhrkamp 1994 (= Suhrkamp Taschenbuch Wissenschaft 356).

Foucault, Michel: Mikrophysik der Macht. Über Strafjustiz, Psychiatrie und Medizin. Berlin: Merve Verlag, 1976.

Foucault, Michel: Was ist ein Autor? In: Texte zur Theorie der Autorschaft. Hg. v. Fotis Jannidis. Stuttgart: Reclam 2000. S. 198–229.

From Memex to hypertext. Vannevar Bush and the mind's machine. Hg. v. James M. Nyce / Paul Kahn. Boston u.a.: Academic Press 1994.

Hautzinger, Nina: Vom Buch zum Internet? Eine Analyse der Auswirkungen hypertextueller Strukturen auf Text und Literatur. St. Ingbert: Röhrig 1999 (= Mannheimer Studien zur Literatur- und Kulturwissenschaft 18).

Hendrich, Andreas: Spurenlesen. Hyperlinks als kohärenzbildendes Element in Hypertext. Inaugural-Dissertation zur Erlangung des Doktorgrades der Philosophie an der Ludwig-Maximilians-Universität München. URL: http://edoc.ub.uni-muenchen.de/3054/1/Hendrich_Andreas.pdf (13.12.2011)

Hickethier, Knut: Einführung in die Medienwissenschaft. Stuttgart: J.B. Metzler 2003.

Hiebler, Heinz: Von der Medienkulturgeschichte digitaler Codierungen zu einem Analysemodell ‚digitaler Literatur'. In: Digitalität und Literalität. Zur Zukunft der Literatur. Hg. v. Harro Segeberg / Simone Winko. München: Fink 2005. S. 85–110.

Hiebler, Heinz: Medien und Kultur. Studienbrief für den Fachbereich Kultur- und Sozialwissenschaften der FernUniversität Hagen. Hagen: FernUniversität 2011.

Hiebler, Heinz: Wissen im digitalen Zeitalter. Studienbrief für den Fachbereich Kultur- und Sozialwissenschaften der FernUniversität Hagen. Hagen: FernUniversität 2011.

Hoffmann, Ernst T. A.: Lebens-Ansichten des Katers Murr. Roman. Düsseldorf: Artemis und Winkler 2006.

Idensen, Heiko: Schreiben/Lesen als Netzwerk-Aktivität. Die Rache des (Hyper-) Textes an den Bildmedien. In: Hyperkultur. Zur Fiktion des Computerzeitalters. Hg. v. Martin Klepper / Ruth Mayer / Ernst-Peter Schneck. Berlin, New York: Walter de Gruyter 1996. S. 81–107.

Kerckhove, Derrick de: Text, Kontext, Hypertext. Drei Sprachzustände, drei Bewusstseinszustände. (2002). In: Reader Neue Medien. Texte zur digitalen Kultur und Kommunikation. Hg. v. Karin Bruns / Ramón Reichert. Bielefeld: Transcript-Verlag 2006. S. 212–218.

Kogler, Karl: "Eine schöne Leich": Kritische Bemerkungen zu wiederkehrenden Begängnissen der Buchdruckkultur. In: Zeitschrift für Literaturwissenschaft und Linguistik 28 (1998) H. 112. S. 14–24.

Krameritsch, Jakob: Herausforderung Hypertext. Heilserwartungen und Potenziale eines Mediums. URL: http://www.zeitenblicke.de/2006/3/Krameritsch (13.12.2011).

Kristeva, Julia: Bachtin, das Wort, der Dialog und der Roman. In: Literaturwissenschaft und Linguistik. Ergebnisse und Perspektiven. Bd. 3: Zur linguistischen Basis d. Literaturwissenschaft, II. Hg. v. Jens Ihwe. Frankfurt am Main: Athenäum-Verl. 1972. S. 345-375.

Kuhlen, Rainer: Hypertext. Ein nicht-lineares Medium zwischen Buch und Wissensbank. Berlin u.a.: Springer 1991.

Kuhlen, Rainer: Nicht-lineare Strukturen in Hypertext. URL: http://www.ub.uni-konstanz.de/kops/volltexte/2008/5747/ (13.12.2011).

Landow, George P.: What's a critic to do? Critical theory in the age of hypertext. In: Hyper/text/theory. Hg. v. George P. Landow. Baltimore, London: Johns Hopkins University Press 1994. S. 1–48.

Landow, George P.: Hypertext 3.0. Critical theory and new media in an Era of Globalization. Baltimore: Johns Hopkins University Press 2006.

Leroi-Gourhan, André: Le geste et la parole. Paris: Albin Michel 1964-1965. Bd. 1-2.

Leroi-Gourhan, André: Hand und Wort. Die Evolution von Technik, Sprache und Kunst. Frankfurt/Main: Suhrkamp 1980.

Löser, Philipp: Mediensimulation als Schreibstrategie. Film, Mündlichkeit und Hypertext in postmoderner Literatur. Göttingen: Vandenhoeck und Ruprecht 1999 (= Palaestra 308).

Möckel-Rieke, Hannah: Der virtuelle Text. In: Hyperkultur. Zur Fiktion des Computerzeitalters. Hg. v. Martin Klepper / Ruth Mayer / Ernst-Peter Schneck. Berlin, New York: Walter de Gruyter 1996. S. 68–80.

Nelson, Theodor H.: Complex information processing: a file structure for the complex, the changing and the indeterminate. In: ACM '65 Proceedings of the 1965 20th national conference. Hg. v. Lewis Winner. New York 1965. S. 84–100.

Nelson, Theodor H.: Literary machines. 93.1. Sausalito CA: Mindful Pr. 1993.

Nestvold, Ruth: Das Ende des Buches. In: Hyperkultur. Zur Fiktion des Computerzeitalters. Hg. v. Martin Klepper / Ruth Mayer / Ernst-Peter Schneck. Berlin, New York: Walter de Gruyter 1996. S. 14–30.

Pethes, Nicolas: Literatur- und Kulturtheorie. Studienbrief für den Fachbereich Kultur- und Sozialwissenschaften der FernUniversität Hagen. Hagen: FernUniversität 2011.

Porombka, Stephan: Hypertext. Zur Kritik eines digitalen Mythos. München: Fink 2001.

Schröder, Thomas: Texte, Module, Weblogs. Überlegungen zum Textbegriff in Zeiten von Web 2.0. URL: http://www.festschrift-gerd-fritz.de/files/schroeder_2008_textbegriff-in-zeiten-von-web2.0.pdf (13.12.2011)

Segeberg, Harro: „Parellelpoesien". Buch- und/oder Netzliteratur? Einführung und Überblick. In: Digitalität und Literalität. Zur Zukunft der Literatur. Hg. v. Harro Segeberg / Simone Winko. München: Fink 2005. S. 11–27.

Simanowski, Roberto: Autorschaften in digitalen Medien. Einleitung. In: Digitale Literatur. Hg. v. Heinz L. Arnold. München: Edition Text + Kritik 2001. S. 3-21.

Tredinnick, Luke: Post-structuralism, hypertext, and the World Wide Web. In: Aslib Proceedings 59 (2007) H. 2. S. 169–186.

Vogt, Jochen: Einladung zur Literaturwissenschaft. Mit einem Hypertext-Vertiefungsprogramm im Internet. 3., durchges. und aktualisierte Aufl. München: Fink 2002. URL: http://www.uni-due.de/einladung (13.12.2011).

Winko, Simone: Hyper - Text - Literatur. Digitale Literatur als Herausforderung an die Literaturwissenschaft. In: Digitalität und Literalität. Zur Zukunft der Literatur. Hg. v. Harro Segeberg / Simone Winko. München: Fink 2005. S. 137–157.

Wirth, Uwe: Der Tod des Autors als Geburt des Editors. In: Digitale Literatur. Hg. v. Heinz L. Arnold. München: Edition Text + Kritik 2001. S. 54-64.

Yoo, Hyun-Joo: Text, Hypertext, Hypermedia. Ästhetische Möglichkeiten der digitalen Literatur mittels Intertextualität, Interaktivität und Intermedialität. Würzburg: Königshausen & Neumann 2007.